7 GIORNI IN PARADISO

Un programma basato sulla Bibbia su come costruire
una relazione più stretta con Dio ed un appassionato
matrimonio cristiano in una settimana

CHRISTIE ANGELSMOTHER

Traduzione di Francesca Marrucci

NOTE LEGALI

Le informazioni in 7 giorni in Paradiso dovrebbero essere considerate come a solo scopo di intrattenimento. Il programma funziona per le persone che hanno un senso di responsabilità personale. Può aiutarti a identificare i modi per trovare la felicità nella tua vita, ma funziona solo se applichi le intuizioni e le realizzazioni profonde e intraprendi le azioni necessarie. Tutte le informazioni in questo libro sono state scelte attentamente. Tuttavia, l'autrice non garantisce che le informazioni contenute nel presente documento siano appropriate per ogni individuo, situazione o scopo. Qualsiasi azione tu intraprenda a causa delle informazioni contenute in questo programma è fatta rigorosamente a tuo rischio. L'autrice non sarà responsabile per eventuali perdite o danni in relazione all'uso di questo programma.

Traduzione in Italiano di Francesca Marrucci

Contents

INTRODUZIONE

Questo libro cambierà la tua vita.

Se sei una donna sposata in una coppia cristiana (preferibilmente con figli) che è in quel momento nella vita in cui hai bisogno di fare cambiamenti, questo libro è per te. In queste pagine troverai un personal coach che ti guiderà attraverso un programma di cambiamento, qualcuno che può guidarti al tuo nuovo giorno. Scoprirai la tua nuova te, sia nel tuo matrimonio cristiano che nella tua vita.

È semplice, ma profondo. Il mio obiettivo come autrice è quello di aiutarti a scoprire l'essenza di una relazione personale con Dio. Per darti la possibilità di approfondire o anche stabilire questa relazione, che ti aiuterà nel tuo matrimonio.

Il programma è completamente flessibile. Usa questo libro come un gioco. Completa gli esercizi e gli argomenti che ritieni necessari in questo momento della tua vita o in questo particolare giorno. Non è necessario attenersi a una sequenza cronologica. È possibile avviare il programma al Giorno 7 e terminare con il giorno 1.

E se cominciassi in questo momento? Trova un posto e un orario convenienti. Puoi iniziare oggi, a casa tua. Che cosa succede se hai preso questo libro per la tua prossima vacanza? Cosa succede se la tua vita ha iniziato a cambiare non appena hai completato gli esercizi per ogni giorno?

Sei pronta per agire? Questo è il modo più semplice e più efficace per avvicinarsi a Dio, per rendere la tua vita più brillante, per diventare migliore e per vivere il tuo matrimonio come Dio voleva che fosse.

LA MIA STORIA

uesto libro è il racconto della mia storia. Ad un certo punto della mia vita, quando pensavo di essere arrivata nel posto peggiore del mondo, Dio mi ha preso per mano - e mi sono trovata nel posto migliore del mondo. Era un paradiso per milionari, traboccante della migliore qualità in ogni cosa, dalla buona cucina alle cose da comprare. Avevo anche la migliore qualità spirituale di vita di sempre - quasi mistica, ma ero ancora così connessa con la vita terrena.

Per farla breve, ho trascorso più di tre anni vivendo in una relazione molto stretta con i monaci cristiani in uno dei posti più belli del nostro pianeta. Dopo un po' di tempo, ho letteralmente *"toccato Dio"* e ho assistito ai miracoli quotidiani. La visione della vita da quella prospettiva celeste era assolutamente travolgente. Tutto ciò che amavo, tutto ciò di cui avevo bisogno in quel momento era essere vicino a Dio, trascorrere tutto il tempo che potevo essere vicino a Lui. Ogni giorno era pieno di sorprese, nuovi eventi profondi che toccavano l'essenza di chi ero e chi sarei diventata.

Quegli anni mi hanno insegnato chi è veramente Dio, come cercarlo e cosa dobbiamo gettare via per lasciare solo il meglio di noi nella nostra vita. Dio non vuole che siamo mediocri. Vuole che siamo il meglio di noi stessi - e questo è molto semplice.

Dopo tre anni, ho dovuto lasciare il paradiso dei monaci e trasferirmi in un'altra città - *"un deserto"*. Ciò però mi ha dato l'opportunità di prepararmi per il mio matrimonio. Ho quindi sposato il mio Grande Amore e abbiamo creato una meravigliosa famiglia cristiana. In seguito, ho trascorso alcuni anni vivendo questa conoscenza nel mio matrimonio mentre i nostri figli erano nati e stavano crescendo.

Credo che la mia storia ti possa dare la convinzione che questo programma funzioni davvero. L'ho usato su me stessa e l'ho sviluppato vivendo tra alcuni dei migliori praticanti cristiani possibili: i monaci. Ho praticamente vissuto e respirato il loro stile di vita, mentre vivevo in stretto rapporto con loro durante quei tre anni della mia vita.

Dio mi ha condotto in quel luogo santo. Ringrazierò Dio per il resto della mia vita per l'opportunità che mi ha dato. Mi ha preso la mano e ha costruito tutta la mia vita. In queste pagine, voglio condividere con voi come l'ha fatto.

SPIEGAZIONE DEL PROGRAMMA

Questo programma è composto da 7 giorni. Ogni giorno consiste di due parti: la prima richiede di leggere e la seconda di scrivere e agire.

I testi da leggere hanno la stessa struttura per ogni giorno e consistono in:

1. Testo biblico

2. Una lettera a Dio

3. Meditazione

4. Preghiera

E i tuoi esercizi quotidiani sono i seguenti:

1. Pregare (La mia preghiera per oggi)

2. Scrivere una lettera a Dio (la Lettera di oggi a Dio)

3. Meditare (la mia Meditazione Quotidiana)

4. Fare una certa azione (La mia Azione di Oggi).

Ora puoi avviare il programma. Se è la prima volta che provi gli esercizi, ti esorto a iniziare dal primo giorno e continuare fino al settimo giorno, a meno che tu non senta che uno dei giorni ti attrae profondamente. Se questo è il caso, inizia con quel Giorno particolare e fallo più e più volte se senti che questo è ciò di cui hai bisogno e che rende la tua vita con Dio più profonda.

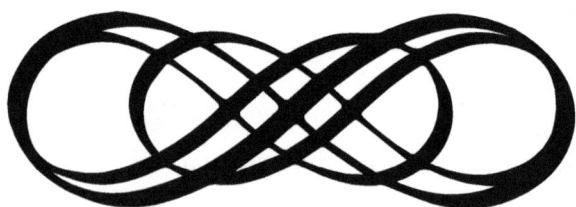

GIORNO 1: MI AMI?

IL GIORNO DELL'AMORE PROFONDO

1. TESTO BIBLICO

Cantico dei Cantici 1: *"Lascia che mi baci con i baci della sua bocca - perché il tuo amore è più delizioso del vino. Piacevole è la fragranza dei tuoi profumi; il tuo nome è come il profumo versato; non c'è da meravigliarsi se le giovani donne ti amano! Portami via con te - sbrigati! Lascia che il re mi porti nelle sue stanze. Ci rallegriamo e ci deliziamo; loderemo il tuo amore più del vino. Quanto sono giusti per adorarti!"*

2. UNA LETTERA A DIO

Mio amato Dio!

L'essenza della mia vita! Vedi chi sono veramente e conosci i modi migliori per amarmi. Con il tuo profondo abbraccio, mi fai sentire come se fossi in Cielo, il Paradiso, il tuo Regno. Tu sei il mio Re, il mio Santo desiderio. Sei lo scintillio nei miei occhi. Sei la cosa migliore che possa mai succedermi. Tu sei il mio creatore. Mi baci con il tuo santo amore e divento così amata che la mia

11

vita inizia ad avere un senso. Posso essere molto più vicina a te di quanto potessi mai immaginare di poter essere. Modellami di più col tuo amore. Sii il mio scultore. La mia anima è tua.

Per sempre tua,

Christie

3. MEDITAZIONE

Siediti nella tua stanza in serenità e inizia a pensare, come amante della sua creazione, alla maestà di Dio e chi è veramente. Pensa a questo: mi ha creato per essere amata e per scoprire chi sono veramente. Ora prenditi 2 minuti per pensare all'amore profondo che Egli ha per te. Come vuole darti il meglio di tutto. Ora, nella tua meditazione, accetta questo dono da Lui. Prendi tutto l'amore che ti dà. Ti farà sentire amata, perché sei veramente una dei suoi amati.

4. PREGHIERA

Prendi le mie mani, o Dio, mio Signore, e dammi uno di quei tuoi baci che toccano l'essenza del mio sé più profondo. Trasforma la mia vita nel tuo Capolavoro d'Amore. Per favore, Dio, mio Amato, ogni giorno e specialmente oggi, fammi sentire il profondo Amore che Tu hai per me. Ammiro la tua grandezza, la tua maestà, il tuo potere. Per favore, sii il centro della mia vita e guidami con il grande amore che hai per me. Mostrami oggi quanto mi ami. Alzo le mani in adorazione del tuo santo essere e dell'amore che sei. Riempi tutto il nostro matrimonio e tutti gli aspetti della mia relazione con mio marito con il tuo Santo Amore, oh Signore. Amen.

Parte II: Esercizi

1. La mia preghiera per oggi

_____

_____

_____

_____

_____

_____

_____

2. La lettera di oggi a Dio

_____

_____

_____

_____

_____

_____

3. La mia meditazione quotidiana

Leggi la meditazione della parte I e falla da sola.

4. La mia Azione per Oggi

Sorprendi il tuo amato con qualcosa che non avrebbe mai pensato che tu potessi fare. Esegui un atto d'amore notevole. E prega molto per lui.

GIORNO 2: VUOI BALLARE CON ME?

IL GIORNO DELLA LUCE, LA GIOIA E LO SPIRITO SANTO

1. TESTO BIBLICO

Genesi 18: *"Il Signore apparve ad Abramo vicino ai grandi alberi di Mamre mentre era seduto all'ingresso della sua tenda nella calura del giorno. Abramo alzò lo sguardo e vide tre uomini in piedi nelle vicinanze. Quando li vide, si alzò dall'ingresso della sua tenda per incontrarli e si inchinò a terra. (...) Dov'è tua moglie Sara? Gli chiesero. Lì, nella tenda, disse. Poi uno di loro disse, Sicuramente tornerò da te in questo periodo, l'anno prossimo, e Sara tua moglie avrà un figlio. Ora Sarah stava ascoltando all'entrata della tenda, dietro di lui. (...) Allora Sarah rise tra sé, mentre pensava, dopo che sono ormai consumata e il mio signore vecchio, ora avrò questo piacere? (...) È qualcosa di troppo difficile per il Signore? Tornerò da te all'ora stabilita l'anno prossimo e Sara avrà un figlio."*

2. Una lettera a Dio

Caro Dio!

La tua Santissima Trinità arriva per portare gioia ai miei giorni, in questo momento presente e per tutta la mia vita. Il tuo Santo Spirito mi dà salute ed un sorriso interiore che è pieno di gioia, realizzazione e felicità. Sei Tu che vieni da me. Sei tu che mi dai il messaggio. Sei tu che mi dai la luce. Sei tu che illumini tutta la mia vita. Spirito Santo, ti amo.

Tua per sempre,

Christie

3. Meditazione

Nella meditazione di oggi, chiederemo allo Spirito Santo di venire da noi e illuminare le nostre menti e le nostre anime per capire meglio cosa dobbiamo scegliere per diventare sereni e gioiosi nella nostra vita. Invitiamo lo Spirito Santo a danzare con noi come coppia cristiana. Vieni a ballare con me, Spirito Santo, vieni a ballare con la nostra famiglia e mostraci e insegnaci questa danza oggi. In silenzio, invochiamo lo Spirito Santo: vieni, Spirito Santo, per me. Vieni, io ti ammiro. Vieni e mostrami le vie che devo percorrere per ballare con Te. Lascia che tutta la mia vita sia un ballo con te. Iniziamo a ballare in improvvisazione, sarà lo Spirito Santo a dirigere i nostri movimenti. E in silenzio, iniziamo ad ascoltare la Sua voce che parla nei nostri cuori: *"Sono qui con te e d'ora in poi sarò sempre con te."*

4. Preghiera

Per favore, Dio, nella nostra relazione, dacci molta gioia e felicità.

Riempi la nostra relazione matrimoniale con il Tuo Spirito Santo e il Suo frutto, la gioia. Per favore, illumina i nostri figli e impartisci loro la migliore istruzione possibile. Sei tu che conosci i loro bisogni e il loro intero futuro, quindi per favore, guida tutta la nostra famiglia con la tua Santa Luce. Guidaci affinché tutte le nostre vite siano lunghe, compiute e serene. Amen.

1. LA MIA PREGHIERA PER OGGI

_____

_____

_____

_____

_____

_____

_____

_____

2. LA LETTERA DI OGGI A DIO

_____

_____

_____

_____

_____

_____

_____

_____

3. LA MIA MEDITAZIONE QUOTIDIANA

Leggi la meditazione della parte I e falla da sola.

4. LA MIA AZIONE PER OGGI

Dedica un po' di tempo a ballare - all'inizio da sola e poi, se possibile, in coppia, e anche con i tuoi figli (se sono disposti). E in questa danza, prova a sorridere in modo naturale, sapendo che lo Spirito Santo è con te e ti ama.

GIORNO 3: TI FIDI DI ME?

IL GIORNO DELLA MISERICORDIA DI DIO E IL MIRACOLO

PARTE I: LETTURA

1. TESTO BIBLICO

1 Re 17: " (...) Allora la parola del Signore giunse ad Elia: (...) Vai subito a Zarephath nella regione di Sidone e resta lì. Ho dato indicazioni ad una vedova lì di fornirti del cibo. Così andò a Zarephath. Quando arrivò alla porta della città, una vedova stava raccogliendo della legna. La chiamò e chiese: *"Mi porteresti un po' d'acqua in una brocca così che possa bere qualcosa?"* Mentre stava per andare a prendere l'acqua, le disse: "E portami, per favore, un pezzo di pane." "Sicuro come che il Signore tuo Dio vive," lei rispose, *"Io non ho pane – solo una manciata di farina in un barattolo e un po' di olio d'oliva in una brocca. Sto raccogliendo alcuni rami da portare a casa e preparare un pasto per me e mio figlio, affinché possiamo mangiarlo e morire."* Elia le disse: "Non aver paura. Vai a casa e fai come hai detto. Ma prima prendi per me un piccolo pezzo di pane da quello che hai e portamelo e poi cucina qualcosa per te e tuo figlio. Perché questo è ciò che dice il Signore, Dio di Israele: "Il vaso di farina non sarà consumato e la brocca d'olio non si prosciugherà fino al giorno in cui il

Signore farà piovere sulla terra." *Andò via e fece come Elijah le aveva detto. Quindi ci fu cibo ogni giorno per Elia e per la donna e la sua famiglia. (…) Qualche tempo dopo il figlio della donna che possedeva la casa si ammalò. Peggiorava sempre di più e alla fine smise di respirare. La donna disse ad Elia: "Che cosa hai contro di me, uomo di Dio? Sei venuto per ricordarmi del mio peccato e uccidi mio figlio?"* "Dammi tuo figlio", rispose Elia. Lo prese dalle sue braccia, lo portò nella stanza in alto dove alloggiava e lo depose sul suo letto. Poi gridò al Signore: *"Signore mio Dio, hai portato la tragedia anche su questa vedova con cui sto, facendo morire suo figlio?"* Quindi si sdraiò tre volte sul ragazzo e gridò al Signore: "Signore mio Dio, che la vita di questo ragazzo ritorni a lui!" Il Signore ascoltò il grido di Elia e la vita del ragazzo tornò da lui e visse."

Salmo 127 (126): *"A meno che il Signore non costruisca la casa, i costruttori lavorano invano. Se il Signore non sorveglia la città, le guardie stanno a guardare invano. Invano ti alzerai presto e rimarrai sveglio fino a tardi, lavorando duramente per avere cibo da mangiare, perché concede il sonno a coloro che ama."*

2. UNA LETTERA A DIO

Caro Dio, pieno di misericordia!

Tu sei il miracolo della mia vita. Devo fidarmi completamente di te e mi condurrai alle persone e ai luoghi che mi corrispondono. Tu sei Dio e sei Tu che fai miracoli. Tu sei il miracolo della mia vita. Mi hai dato questo marito e questi bambini da amare. Abbraccia tutta la mia famiglia con la tua Santa Misericordia.

La tua amata,

Christie

3. MEDITAZIONE

Oggi mediteremo sull'esistenza dei miracoli. Pensa a una cosa che sembra realisticamente impossibile. Guarda la misericordia di Dio e vedila diventare reale, possibile e presente nella tua vita per renderti felice. Cerca di essere aperta a dire "Sì" a tutto ciò che l'Amore vuole da noi.

4. PREGHIERA

Sii misericordioso con me, Dio, e aiutami a fidarmi completamente di te. Per favore, mostrami come amare mio marito e i miei figli. Insegnami anche come raccogliere soldi per la nostra famiglia e per me e i miei figli. Fai miracoli nella mia vita, Signore. Amen.

PARTE II: ESERCIZI

1. LA MIA PREGHIERA PER OGGI

_____

_____

_____

_____

_____

_____

_____

_____

2. LA LETTERA DI OGGI A DIO

_____

_____

_____

_____

_____

_____

_____

_____

3. La mia meditazione quotidiana

Leggi la meditazione della parte I e falla da sola.

4. La mia Azione per Oggi

Dona un po' di soldi in beneficenza. Dona alcune cose ai poveri.

GIORNO 4: PER COSA VOGLIO RINGRAZIARTI?

IL GIORNO DELLA GRATITUDINE

PARTE I: LETTURA

1. TESTO BIBLICO

Salmo 145: "Ti esalterò, mio Dio il Re; loderò il tuo nome nei secoli dei secoli. Ogni giorno ti loderò ed esalterò il tuo nome nei secoli dei secoli. Grande è il Signore e il più degno di lode; la sua grandezza nessuno può capire. Una generazione elogia le tue opere ad un'altra; raccontano dei tuoi potenti atti. Parlano del glorioso splendore della Tua Maestà - e mediterò sulle tue meravigliose opere. Racconteranno del potere dei tuoi fantastici lavori - e proclamerò le tue grandi azioni. Celebrano la tua abbondante bontà e cantano con gioia la tua giustizia. Il Signore è gentile e compassionevole, lento all'ira e ricco di amore. Il Signore è buono con tutti; ha compassione di tutto ciò che ha fatto. Tutte le tue opere ti lodano, Signore; i tuoi fedeli ti esaltano. Racconteranno della gloria del tuo regno e parleranno della tua potenza, così che tutti possano conoscere le tue potenti azioni e il glorioso splendore del tuo regno. Il tuo regno è un regno eterno e il tuo dominio dura attraverso tutte le generazioni. Il Signore è degno di fiducia in tutto ciò che promette e fedele in tutto ciò che fa."

2. Una lettera a Dio

Mio caro amato Dio!

Oggi voglio ringraziarti per la tua presenza nella mia vita, per questo matrimonio che mi hai dato, per i bambini che ci hai dato come frutto del nostro amore. Voglio ringraziarti per la mia vita, per la vita di mio marito e per la vita dei miei figli. Ammiro la tua creazione. Quando entri in azione, tutto diventa possibile. Amo la tua creazione. Senza di te, non siamo nulla. Con te, possiamo essere tutto. Tu ci dai la ragione della nostra vita. Ti ringrazio, Signore.

Tua per sempre,

Christie

3. Meditazione

Nella meditazione di oggi, farai in modo che essere grata per ciò che hai già ricevuto sia un modo per ricevere ancora di più da Dio, che può fare tutto. Enumera, come nella litania, tutte le cose per cui vuoi ringraziarlo.

Caro Signore:

Grazie per il marito che mi hai dato. Ti ringrazio, Signore.

Grazie per i bambini che ci hai dato. Ti ringrazio, Signore.

Grazie per l'appartamento che ci hai dato per vivere. Ti ringrazio, Signore.

Grazie per l'auto che ci hai dato. Ti ringrazio, Signore.

Grazie per la salute di ogni membro della nostra famiglia. Ti ringrazio, Signore.

Grazie per la tua costante presenza con noi. Ti ringrazio, Signore.
Grazie per il nostro sviluppo spirituale. Ti ringrazio, Signore.
Grazie per ogni respiro che prendiamo. Ti ringrazio, Signore.

4. Preghiera

Signore, tu ami così tanto la mia famiglia. Lasciaci esserti grati, vediamo tutti i tuoi miracoli, Signore. Ti amo. Ti ringrazio per me stessa, per quello che sono, per la meravigliosa persona che hai creato. Ti ringrazio per mio marito, ti ringrazio per i miei figli. Ogni giorno, da ora in poi, voglio ringraziarti per stare con noi. Sii con noi e benedici tutti i giorni. Ti ringraziamo, Signore, per la tua presenza. Amen.

PARTE II: ESERCIZI

1. LA MIA PREGHIERA PER OGGI

_____

_____

_____

_____

_____

_____

_____

_____

2. LA LETTERA DI OGGI A DIO

_____

_____

_____

_____

_____

_____

_____

3. LA MIA MEDITAZIONE QUOTIDIANA

Leggi la meditazione della parte I e falla da sola.

4. LA MIA AZIONE PER OGGI

Di' "grazie" per tutto ciò per cui vuoi ringraziare il tuo amato.

GIORNO 5: Dove ho sbagliato?

IL GIORNO DEL PERDONO

~

Parte I: Lettura

1. Testo biblico

Salmo 103: *"Loda il Signore, anima mia; tutto il mio essere più profondo, loda il suo santo nome. Loda il Signore, anima mia, e non dimenticare tutti i suoi benefici – chi perdona tutti i tuoi peccati e guarisce tutte le tue malattie, chi redime la tua vita dal baratro e ti incorona con amore e compassione, che soddisfa i tuoi desideri con buone cose affinché la tua la giovinezza si rinnovi come quella dell'aquila."*

2. Una lettera a Dio

Caro Signore del Cielo!

Perdona i miei peccati, o Signore nel tuo Santo Potere. Pulisci tutti gli spazi della mia casa interiore, della mia anima. Tu mi conosci meglio di me stessa e sei Tu che puoi mostrarmi, attraverso il Tuo Spirito Santo, i miei peccati, le mie debolezze. Aiutami ad essere buona. Aiutami a trattare mio marito e i miei figli con l'amore e il rispetto che meritano. Aiutami ad organizzare la mia vita in modo da piacere a Te, Dio, in primo luogo e poi alla mia famiglia.

Ti amo,

Christie

3. MEDITAZIONE

Lascia che questa meditazione fornisca informazioni sulla mia coscienza per scoprire dove ho sbagliato, per vedere e capire i miei peccati. Poi considerò come posso trovare riparo alle cattive azioni che ho fatto.

4. PREGHIERA

Mi conosci, Signore. Tu conosci ogni secondo della mia vita e sai quando e dove ho torto e quali sono i miei peccati. Per favore, perdona i miei peccati e mostrami come posso fare meglio per essere più vicina a Te. Ti prego Signore, abbi pietà di me e aiutami a prendere la strada giusta. Aiutami, Dio, ad essere una persona che perdona anche gli altri. Amen.

PARTE II: ESERCIZI

1. LA MIA PREGHIERA PER OGGI

_____

_____

_____

_____

_____

_____

_____

_____

2. LA LETTERA DI OGGI A DIO

_____

_____

_____

_____

_____

_____

_____

_____

3. La mia meditazione quotidiana

Leggi la meditazione della parte I e falla da sola.

4. La mia Azione per Oggi

Sorprendi il tuo Amato con un regalo che avresti voluto dargli da molto tempo. Ripara tutto ciò che sai di aver sbagliato.

GIORNO 6: MI BENEDIRAI OGNI GIORNO?

IL GIORNO DELLA BENEDIZIONE

1. TESTO BIBLICO

Numeri 6, 24-26: *"Il Signore ti benedica e ti protegga; il Signore fa splendere il suo viso su di te e sii gentile con te; il Signore rivolga il suo viso verso di te e ti dia pace."*

Matteo 7: *"Fai una richiesta e ti sarà risposta; quello che stai cercando lo otterrai; bussa e la porta ti sarà aperta: perché a tutti quelli che fanno una richiesta, sarà risposto; e colui che cerca troverà il suo desiderio e a colui che busserà, la porta sarà aperta."*

Giovanni 16, 23-24: *'Qualunque richiesta tu faccia al Padre, te la darà nel mio nome. Fino ad ora non hai fatto alcuna richiesta nel mio nome: fallo e Lui risponderà, in modo che i vostri cuori possano essere pieni di gioia."*

2. UNA LETTERA A DIO

Mio amato Santo Padre, mio Dio!

Con la tua benedizione, tutto ciò che realizzerò diventerà reale. Tu mi dai forza, Tu mi dai potere, Tu mi dai la possibilità di finire i compiti che ho iniziato. La tua benedizione è come la felicità e il potere di cui ho bisogno per crescere, per andare avanti. Con la tua benedizione, la mia vita diventa una vera avventura a cui partecipo. Un'avventura in cui mi sento completa. Con la tua benedizione, mi dai tutto ciò di cui ho bisogno. Ti amo, Dio.

Tua per sempre,

Christie

3. MEDITAZIONE

Rimani nella tua stanza con le mani sollevate e pensa alla felicità e all'accoglienza che Dio ti dà per tutti i compiti che stai per compiere oggi. Pensa alla tua collaborazione con Dio. Ti accetta come sei e ti dà la sua santa benedizione. Questa è la benedizione di qualcuno che può fare tutto, anche cose impossibili. Pensa a quanto è potente.

4. PREGHIERA

Inclino la testa per ricevere la tua benedizione in questo particolare giorno, oh Signore. Sii la mia forza oggi, benedicimi costantemente, sii con me, riempi tutti gli spazi della mia vita che devono essere curati con la tua benedizione e portami a fare le cose che vuoi che io faccia. Per favore, benedicimi ogni giorno e specialmente oggi, perché sei il mio Dio. Benedici il nostro matrimonio per darci i migliori frutti possibili - amore reciproco, comprensione, aiuto reciproco. Benedicici l'un l'altro con la tua santa benedizione. Amen

Parte II: Esercizi

1. La mia preghiera per oggi

_____

_____

_____

_____

_____

_____

_____

_____

_____

2. La lettera di oggi a Dio

_____

_____

_____

_____

_____

_____

_____

_____

_____.

3. La mia meditazione quotidiana

Leggi la meditazione della parte I e falla da sola.

4. La mia Azione per Oggi

Benedici tutti quelli che incontri in questo giorno.

GIORNO 7: E QUAL È IL TUO NOME?

IL GIORNO DELLA GLORIA, DEL PARADISO E DEL REGNO DEL CIELO

PARTE I: LETTURA

1. TESTO BIBLICO

Esodo 3,14: *"Dio disse a Mosè: io sono quello che sono."*

Salmo 116: *"Io amo il Signore, perché ha ascoltato la mia voce; ha sentito il mio grido di pietà. Perché ha rivolto a me il suo orecchio, lo chiamerò per tutto il tempo che vivo. (…) Ho chiamato il nome del Signore: "Signore, salvami!"* Il Signore è clemente e giusto; il nostro Dio è pieno di compassione. Il Signore protegge gli incauti; quando sono caduto, mi ha salvato. Torna al tuo riposo, anima mia, perché il Signore è stato buono con te."

2. UNA LETTERA A DIO

Caro Gesù Cristo!

Mio Caro Dio, mio grandissimo amore!

Amo il tuo Santo Nome, con il quale fai miracoli. Tu sei l'Amore della mia vita e tu sei il significato della mia vita. Il tuo nome è il nome più meraviglioso con cui fai miracoli. Lo ripeto perché è vero. La tua Gloria è il tuo nome. Qualunque cosa tu crei, è bella, grande e profonda. Amo stare nel tuo Regno, amo stare nel tuo Paradiso. Amo vedere la tua Gloria. Sei meraviglioso!!! Sei fantastico.

Per sempre tua,

Christie

3. Meditazione

Questa meditazione sarà solo la ripetizione dei diversi nomi di Dio, come nella litania, e farà miracoli per te.

Ripeti: Adonai, Adonai, Adonai...

Gesù, Gesù, Gesù...

Cristo, Cristo, Cristo...

4. Preghiera

Per favore Signore, Adonai, vieni nel nostro matrimonio con il tuo nome e fai miracoli che non immagineremmo mai. Con il tuo nome, per favore, lasciaci entrare nel tuo Regno dei Cieli. Con il tuo nome, per favore, oh Cristo, lasciaci entrare nel tuo Paradiso. Con il tuo Santo Nome, ti prego, Gesù, mostraci la tua gloria. Che il nostro matrimonio sia meraviglioso, pieno di amore, pieno di miracoli, pieno di felicità e gioia, pieno di risultati. Ti amiamo Signore, resta con noi per sempre, nostro Adonai. Amen.

Parte II: Esercizi

1. La mia preghiera per oggi

_____

_____

_____

_____

_____

_____

_____

_____

2. La lettera di oggi a Dio

_____

_____

_____

_____

_____

_____

_____

_____

3. La mia meditazione quotidiana

Leggi la meditazione della parte I e falla da sola.

4. La mia Azione per Oggi

Oggi, qualunque cosa tu faccia, porta il nome di Dio con te. Pensa a Lui qualsiasi cosa farai e ovunque tu sia, tutto il giorno

CONCLUSIONI

Congratulazioni! Hai finito questo programma. Vedrai i risultati nella tua vita e ti invito a tornare a questo programma tutte le volte che ti servirà.

Ricorda, sei nelle migliori mani - nelle mani di Dio.

Spero che tu e il tuo amato abbiate apprezzato questo programma di 7 giorni. Puoi usarlo nella tua prossima vacanza. Nel momento in cui ti disconnetti dalla routine quotidiana è il momento in cui inizi a fare cambiamenti nella tua vita - cambiamenti che possono portare entrambi al livello successivo. (E spero che sia già il livello del Regno, Gloria e Paradiso.) Il frutto che hai ricevuto è la profonda felicità, il vero amore che ti protegge sempre e la pace. Il tipo di pace che ti dà una profonda fiducia in te stessa, in Dio e nel tuo amato.

È possibile tornare a questo programma tutte le volte che è necessario. Puoi affrontarlo giorno per giorno o, se hai meno tempo o vuoi concentrarti solo su un aspetto, scegli un argomento su cui lavorare in quel giorno.

Se applichi questo programma a tutte le situazioni della tua vita, scoprirai che, ogni volta, i tuoi esercizi diventeranno più profondi e come il tuo stile di vita cambierà per il meglio per abbinare davvero chi sei. Infine, puoi sperimentare al 100% il tuo potenziale come essere umano in una coppia sposata.

Ricorda, sei nelle migliori mani - nelle mani di Dio!

www.ingramcontent.com/pod-product-compliance
Lightning Source LLC
Chambersburg PA
CBHW060043040426
42331CB00032B/2266